현장영업의 달인으로 만들어주는

영업의 핵심 절차

현장영업의 달인으로 만들어주는

영업의 핵심 절차

임동학

머리말

45년 영업과 마케팅 노하우를 10개의 핵심 절차로

나는 1973년 6월 25일 주식회사 삼천리에서 영업의 첫발을 내디뎠다. 공채사원들이 영업을 꺼릴 때, 나는 영업부를 지원했다. 영업의 첫걸음이 시작된 것이다.

주식회사 삼천리에서 영업에 입문한 이후, 주식회사 신동방, 해표유니레버 주식회사를 거치며, 3개의 회사에서 21년간 오직 영업과 마케팅만을 위해 땀 흘렸다.

영업의 최고를 향해 오직 앞만 보고 달리다 보니 건강관리에 소홀할 수밖에 없었던 나는 91년 신장이식수술, 92년 엉덩이 고관절 수술, 93년 오른쪽 백내장 수술 등, 9번의 크고 작은 수술을 받았고 4급 지체장애 판정을 받았다.

93년 목발을 짚고 사무실을 낼 때 모두가 말렸다. '마케팅은 무슨 마케팅 전문가냐고? 절대로 성공하기 힘들다고….' 하지만 나는 꺾이지 않았고 또 그렇게 24년간 마케팅에 미친 듯이 노력을 다했다. 그런 결과 절대로 성공하기 힘들다는 징크스를 깨고 마케팅전략 전문가로 인정받았고, 17권의 저서, 3,500회의 출강, 330여 기업의 컨설팅을 실시했다.

2014년 1월 대한민국지식포럼을 세울 때 토요일 포럼은 안 된다고 대부분 말렸다. 나는 토요일이기 때문에 오히려 기회가 있다고 우겼고, 이 또한 토요일 신화를 만들어냈다. 아마도 토요일 포럼은 대한민국지식포럼이 처음인 것으로 알고 있다.
가끔 '포럼을 성공시키는 전략이 무엇이냐?'는 질문을 받는다. 나는 영리든 비영리 단체든 한결같이 그 본질은 영업이라고 이야기한다.

참으로 긴 세월 끊임없이 도전하고 성취하면서 여기까지 왔다. 시련도 있었고 좌절도 있었다. 그렇게 45년을 영업(마케팅)에 온전히 바치며 누가 뭐라든 보람차고 후회 없이 여기에 이르렀다.
2018년 10월 10일, 70세 고희를 맞이한다. 55세를 넘기기 힘들 거라는 의료진의 말도 들은 내가 70세, 고희라니… 이 또한 끝이 아니다. 나에겐 아직도 가야 할 길과 해야 할 일이 있기 때문이다.

  영업과 마케팅, 45년을 결산하는 작품으로 영업의 핵심 절차를 정리했다. 부족하고 미흡하기 그지없지만 나의 경험과 노하우를 나누겠다는 마음으로 영업을 10개의 핵심 절차로 나누어 기술하였다. 신규개척에서 시장조사까지 10개의 핵심 절차… 현장영업에 도움이 됐으면 하는 바람이다.

2018. 10. 10.

임동학

• 차례

|머리말| 5

0
현장영업의 핵심 절차(Key process) 개요

1. 현장영업의 개념 16
2. 현장영업의 중요성 16
3. 현장영업의 핵심 절차(Key process) 16
4. 현장영업은 KPI(Key performance indicator)로 문제를 진단함 18

1
신규개척

1. 신규개척의 중요성 24
2. 신규개척의 방법 24
3. 맨(MAN) 평가법 26
4. 영업의 효율저하 체크리스트 27
5. 영업의 형태 28
6. 신규개척을 위한 프로 세일즈맨 십 34
7. 신규개척을 위한 가맹고객의 선정 35
8. 가맹고객 선정을 위한 12영역 35

2
판촉관리

1. 판촉의 정의	38
2. 판촉의 과정	38
3. 판촉의 목적	39
4. 판촉개발 체크리스트	40

3
영업물류

1. 물류의 개요	44
2. 물류의 영역	44
3. 비용별로 본 물류	45
4. 영업물류의 효율성 높이기	45
5. 물류를 운송하는 방법	48

4
진열관리

1. 진열의 개요	52
2. 진열은 연출이자 광고	52
3. 진열의 종류	53
4. 진열의 기본원칙	53
5. 진열의 중요성	55
6. 진열하기	55
7. 매장진열 체크리스트	58
8. 진열의 2W2H	61

5
재고관리

1. 재고관리 개요	63
2. 불량재고의 예방	63
3. 불량재고의 기회손실 방지	66

6
수금관리

1. 수금관리의 중요성	68
2. 수금관리에 필요한 KPI	68
3. 외상대금수금 요령	71
4. 매출채권 관리의 7가지 원칙	72
5. 거래 단계별 매출채권 관리	74
6. 거래처별 여신한도 설정 방법	78
7. 종합신용 지수법	80
8. 종합 신용지수의 계산순서	81
9. 부실채권의 징후	82

7
주문관리

1. 주문관리의 중요성	86
2. 주문접수의 방법	86
3. 주문관리의 주의사항	87
4. 주문처리의 절차	88
5. 경제적으로 주문량을 결정하는 법	89
6. 적정 주문점	91

8
가격관리

1. 가격관리의 중요성	94
2. 가격 결정의 목적과 요인	94
3. 가격정책의 종류	95
4. 가격 결정의 방법	96
5. 가격 결정의 전략들	96
6. 가격조사의 목적과 원칙	99
7. 가격관리의 방법	100
8. 가격조사 실제	101

9
불만 처리

1. 불만 처리의 중요성	106
2. 불만과 관련된 용어	106
3. 불만 처리의 10가지 요점	107
4. 불만 처리의 4가지 방법	108
5. 불만 처리의 4원칙	109
6. 불만 처리의 절차	110
7. 불만의 대상	111

10
시장조사

1. 시장조사의 중요성   114
2. 시장조사의 절차   114
3. 조사대상의 선정   115
4. 시장조사의 방법과 내용   116
5. 시장조사 정보의 종류와 활용   116
6. 설문서의 사례 / 00 식품   118
7. 경쟁제품 조사 양식   120
8. 경쟁사 영업/마케팅력 조사 양식   121
9. 정보수집의 원칙   122

|참고문헌| 125

0

현장영업의 핵심 절차(Key process) 개요

1. 현장영업의 개념

- 현장에서 이루어지는 영업활동(Field sales)의 모든 것임.
- 영업사원이 회사 정문을 출발하여 귀사까지의 모든 활동.
- 따라서 사내에서 이루어지는 영업활동은 포함되지 않음.

2. 현장영업의 중요성

- 현장영업의 생산성은 고객창출과 매출증가로 직결됨.
- 현장영업은 이론이 30% 실행이 70%임.
- 영업활동을 구분하면 사내영업이 30% 현장영업이 70%임.
- 따라서 현장영업의 성공과 실패는 기업의 성쇠와 직결됨.

3. 현장영업의 핵심 절차(Key process)

- 현장영업의 핵심 절차는 10가지의 키워드로 구성되어 있음.
- 그것은 기업이 고객에게 제공하는 유무형의 서비스(신규개척, 판촉관리, 영업물류, 진열관리, 재고관리 등)와 고객의 협조

와 지원으로 이루어지는 부가가치 활동임(수금관리, 주문관리, 가격관리, 불만처리, 시장조사 등).
- 현장영업의 핵심 절차는 아래와 같음.

〈현장영업의 핵심 절차〉

기업 ▶	신규개척 판촉관리 영업물류 진열관리 재고관리	▶ 영업사원 ◀	수금관리 주문관리 가격관리 불만처리 시장조사	◀ 고객

- 영업사원의 직무 중 가장 중요한 것은 기업과 고객의 다리 역할을 수행하는 것임.
- 따라서 영업사원은 현장영업이 활성화 되도록 전력 투구, 전심전력을 다해야 할 것임.
- 현장영업의 키워드를 기억하는 방법은 아래와 같음.

新販營	과	陳在收	는	注價不市	에 관심을…

(신판영은 사람 이름으로, 진재수도 사람 이름으로, 주가불시는 주가불시(株價不時)로 '주가는 아직 때가 이르다'로 기억할 것)

4. 현장영업은 KPI(Key performance indicator)로 문제를 진단함

- 현장영업이 계획대로 순조롭게 목표를 달성하면 청신호, 현장영업이 계획대로 되지 않고 목표에 미달하면 적신호임.
- 현장영업의 청/적신호를 보여주는 KPI는 아래와 같음.
- 이상의 영업현장의 청/적신호를 보여주는 KPI에서 예시되지 않은 것은 기업별로 추가로 만들어 사용할 것.
- 또한 기업별로 KPI의 중요도를 판단 중점적으로 10개 내외를 철저히 관리 할 것.
- 적신호가 보일 때는 철저히 원인을 분석하고 대책을 강구해야 하고 '설마 일시적인 것이겠지'라는 방관은 금물임.

〈영업현장의 청/적신호를 보여주는 KPI〉

(단위: %, 연간)

핵심절차	KPI	산 식	청신호	적신호
신규개척	거래처 신규개척률	신규거래처수/기존거래처수×100	30 이상	20 이하
	신규개척 매출액률	신규개척매출액/기존매출액×100	20 이상	10 이하
	시장점유율	당사매출액/총 시장규모×100	회사목표	목표 이하
	제안성공률	계약건수/제안건수×100	20 이상	10 이하
	현장영업시간율	현장영업시간/전체근무시간×100	70 이상	50 이하
	체재상담시간율	체재상담시간/현장근무시간×100	20 이상	10 이하
판매촉진	매출액대판촉비율	판매촉진비/매출액×100	업계 평균	평균 이상
	판매촉진목표 달성률	판매촉진횟수/판매촉진목표×100	회사목표	목표 이하
영업물류	납기준수율	납품건수/납품계획건수×100	99 이상	95 이하
	오배송률	오배송건 수/전체배송건수×100	1 이하	5 이상
	매출액대물류비용률	물류비용/매출액×100	업계 평균	평균 이상
	차량유지비율	차량유지비/매출액×100	회사 평균	평균 이상
	매출액대비 반품률	반품액/매출액×100	1 이하	5 이상
진열관리	진열점유율	당사진열량/동종제품진열량×100	MS 이상	MS 이하
	거래점률	당사거래처수/지역전체거래처수×100	업계목표	목표 이하

분류	지표	계산식	양호	불량
재고관리	거래처 재고율	거래처재고량/월평균판매량×100	100 이하	200 이상
	거래처 불량재고율	불량재고량/거래처전체재고×100	1 이하	5 이상
	제품품절률	당사품절제품수/전체제품수×100	1 이하	5 이상
	상품회전율(회)	당사매출액/상품재고액	12 이상	6 이하
수금관리	수금률	수금액/(월초외상액+당월외상액)×100	90 이상	60 이하
	매출채권 회전율(회)	매출액/(매출채권+받을어음)	12 이상	6 이하
	매출채권 회전일수(일)	365/[매출액/(매출채권+받을어음)]	30 이하	60 이상
	부실채권률	부실채권액/매출채권×100	5 이하	10 이상
	현금수금률	현금수금액/전체수금액×100	다다익선	적을수록
주문관리	수주율	수주액/수주목표×100	목표달성	목표미달
	생산능력 대비 수주율	수주량/생산능력×100	90 이상	70 이하
	매출목표 달성률	매출액/매출목표×100	100 이상	90 이하
	영업이익 달성률	영업이익/매출액×100	10 이상	5 이하
	고정 매출액률	고정매출액/전체매출액×100	70 이상	40 이하
	판매예측 정확도	매출액/판매예측액×100	90 이상	60 이하
	매출액 증가율	당기매출액/전기매출액×100−100	20 이상	10 이하
가격관리	판가유지율	실적판가/목표판가×100	99 이상	89 이하
	손익분기점 매출액률	[고정비/(1−변동비/매출액)]/매출액×100	80 이하	90 이상
	당사가격률	당사가격/업계평균가격×100	110 이상	100 이하
	매출액대비 할인비율	할인액/매출액×100	5 이하	10 이상

불만 처리	고객불만율	불만건수/판매건수×100	1 이하	5 이상
	클레임 발생건수	Σ클레임 발생건수	적을수록	많을수록
	서비스 적응률	기준시간내서비스대응건수/서비스요청건수×100	90 이상	70 이하
	수리납기 달성률	기준시간내수리건수/요청건수×100	90 이상	70 이하
시장 조사	정보조사목 표달성률	정보보고건수/계획건수×100	90 이상	60 이하
	시장조사보 고건수	Σ 시장조사보고건수	다다익선	적을수록

참고 1. MS: MARKET SHARE / 시장점유율
2. 상기 청/적신호의 기준은 예시로 기업별로 조정하여 사용함

1
신규개척

1. 신규개척의 중요성

- 고객 또는 거래처도 상품의 라이프 사이클처럼 수명주기가 있음.
- 수명이 다한 고객 또는 거래처는 정기적으로 정리함.
- 연간 20%의 고객이 폐업, 전업, 부도, 청산 등으로 기존고객이 상실됨.
- 따라서 매년 30% 이상 신규개척을 해야 기업이 성장할 수 있음.

2. 신규개척의 방법

연고 개척	가까운 사람부터 자사의 상품을 필요로 하고 있는 고객을 찾아내는 방법 예) 가족관계, 가족의 지인, 주변 사람, 동창생, 선-후배, 전 직장관련자, 고향 사람, 취미관계, 종교관계, 사제관계 등
명부 개척	여러 가지 종류의 공개명부를 이용하여 신규고객을 찾아내는 방법 예) 각 단체의 회원명부, 상공회의소 명부, 신용카드 회원명부, 학생명부, 자동차 등록 대장, 변호사, 세무사 등 자유직업자 명부, 관청의 사무관급 이상의 명부, 기타

연쇄 소개	이미 고객이 된 사람, 혹은 지인으로부터 연쇄적으로 소개를 받는 방법
돌입 개척	닥치는 대로 방문해 가면서 신규고객을 개척하는 방법 **예)** Door to door 방문
단체 개척	단체의 양해를 받아 그 단체의 구성원들을 신규고객으로 만드는 방법 **예)** 회사직원, 협회 등
유력자 이용	유력자를 설득하고 그 유력자의 영향력을 이용하여 신규고객을 개척해가는 방법
연결 판매	한번 어떤 상품을 사준 고객에게 다른 신상품을 권유하여 판매하는 방법 **예)** 냉장고를 산 사람한테 오디오를 판매한다.
이벤트 이용	이벤트를 개최하여 참석 고객에게 단순히 주소, 성명, 전화번호 등을 써달라고 하거나 앙케트를 받아 신규고객을 발굴하는 방법 **예)** 신제품 설명회, 실연 이벤트, 교육 서비스, 견학, 시음회 또는 시승회
DM 개척	미지의 고객에게 직접 DM을 발송하여 그것이 도착했을 무렵에 방문하거나 전화로 접근하는 방법
매체 이용	정기 간행물, 전화, 팩스, 이메일, 카페, 블로그, 페이스북, 트위터 등을 이용한 판매개척 방법

3. 맨(MAN) 평가법

- 맨(MAN)이란?

    Money – 사는 데 필요한 돈이 있는 고객

    Authority – 구매 결정권을 지닌 고객

    Need – 그 상품이 필요한 고객

- 평가방법

돈/있다 ———— M	없다 ———— m
결정권/있다 ——— A	없다 ———— a
필요성/크다 ——— N	작다 ———— n

고객명	평가			고객명	평가			고객명	평가		
●●●	M	A	N	●●●	M	a	N	●●●	m	a	N
●●●	M	a	N	●●●	m	A	N	●●●	m	A	n

- MAN의 평가결과

M+A+N	계약성립	이상적인 신규고객 형. 돈과 결정권과 필요성이 있는 고객임
M+A+n	재방문	판매기술을 써볼 만한 고객으로 판매의 가능성이 큼
M+a+N	재방문	재방문을 하면 가능성이 충분히 있으나, 결정권이 있는 사람과 함께 상담해야 함

m+A+N	예약	가능성이 있는 입금일을 조사하여 재방문
m+a+N	재방문	비교적 가능성이 없는 고객임(니즈는 있으나 돈과 결정권이 없음)
m+A+n	계약 불가	가능성이 없는 고객
m+a+n	계약 불가	재방문할 필요가 없음. 시간만 낭비하게 될 가능성이 매우 높음

4. 영업의 효율저하 체크리스트

- 실제 근무시간이 짧다.
  - 근무개시 시간이 너무 늦다.
  - 근무종료 시간이 너무 이르다.
  - 책상에서 일하는 시간이 너무 길다.
  - 도중에서 놀고 있다.
  - 식사나 휴게 시간이 너무 길다.
  - 아무것도 하지 않고 우두커니 서 있다.

- 계획이 서툴다.
  - 전날 중에 계획을 세우고 있지 않다.
  - 이동 때문에 시간이 너무 걸린다.

- 가망이 적은 고객에게 너무 시간을 빼앗긴다.
- 한 건당 면접시간이 너무 길다.
- 특정 고객을 필요 이상으로 자주 방문한다.

• 방문기술이 낮다.
  - 방문의 타이밍이 나쁘다.
  - 면담의 예약이나 예고를 취하고 있지 않다.
  - 시간을 낭비하고 있다.
  - 전화를 효율적으로 사용하고 있지 않다.
  - 편지, 이메일 등을 유효하게 사용하고 있지 않다.

5. 영업의 형태

• 유/무형에 따라

유형재	· 형태가 있고 눈에 보이는 모든 상품을 말한다. · 부가가치가 일반적으로 낮다. · 후진국형 상품이라고도 한다.
무형재	· 형태가 없고 눈에 보이지 않는 상품을 말한다. · 부가가치가 높다. · 보험, 정보, 통신, 교육, 컨설팅 등이 여기에 속한다.

• 직/간판에 따라

직접판매	· 소비자에게 직접판매 하는 방식이다. (Maker ▶ Customer) · 소비자에게 직접 어프로치 하기 때문에 설명이 필요한 상품에 적합하다. · 방문판매, 카탈로그 판매, 통신판매, 온라인 판매 등
간접판매	**(유형1)** Ⓜ → Ⓦ → Ⓡ → Ⓒ · 광범위한 시장을 커버할 수 있다. · 될 수 있는 한 많은 소매점에 유통시키고 싶을 때 유용한 방법이다. · 단점은 메이커의 의사가 소비자에게 전달되기 어렵고, 소매점의 관리가 메이커의 의지대로 되기 어렵다. **(유형2)** Ⓜ → Ⓐ → Ⓡ → Ⓒ · 별도의 판매회사 또는 대리점을 이용하여 시장을 관리하는 방법이다. · 소비자 부담문제가 가중되는 점이 있으나 메이커의 의사가 소비자나 소매점에 전달될 수 있다. 판매망을 구축하는데 많은 시간이 든다. **(유형3)** Ⓜ → Ⓡ → Ⓒ · 메이커의 방침이 가장 강하게 소매점에 전달될 수 있다. · 소매점 관리가 용이하고 소비자에 대한 정보도 입수하기 쉽다. · 대형소매점과 체인점에 유용하다. 물류기능이 선결되어야 하고, 그렇지 않을 경우 광범위한 시장유통은 곤란하다.
[참고] Ⓜ: Maker Ⓐ: Agent Ⓦ: Wholesaler Ⓡ: Retailer Ⓒ: Customer	

• 재화의 종류에 따라

생산재 (산업재)	· 상품에 대한 고도 전문지식이나 기술을 가져야 하고 특정 소수가 고객이다. · 영업사원에 대한 user(사용자)의 평가는 정보제공력과 상품설명이 좌우한다. · 제공되는 정보는 타사 이용 상황, 특허, 신제품, 신소재연구개발, 법적 규제, 기술제휴, 시험분석결과 · 대리점을 통한 판매라도 사용자와 직접적인 정보교환에 유의한다. · 사용자(User buyer), 기술자(Technical buyer), 경영자(Economic buyer), 코치(Coach) 등의 4종류의 구매 의사 결정자 중에서 key man과의 접촉을 긴밀히 하는 것이 중요하다. · 상담이 체결에 이르기까지 교섭 기간이 길 수도 있다. · 납기관리, 클레임 처리, 유지·관리가 중요하다. · 방문횟수보다 1건의 방문효율을 높이는 게 중요하다. · 구매동기는 품질, 성능 사용실적, 경제성, 가격이 중요시되지만 인맥이나 계열 등 비이성적 요소도 작용한다.
소비재	· 고객이 불특정 다수이므로 고객을 세분화하여 세분 시장에 파고들어야 한다. · Push & Pull 판매가 병행되어야 한다. · 시장점유율은 소매점 정책과 유통경로의 복잡성에 따라 결정된다. · 소매점 지원이 중요한 관건이다(Pop, 진열, 샘플, 판매원 교육). · 광고, 판촉, 브랜드 인지도, 가격, 디자인, 크기 등이 중요한 요소이다.

- 판매방식에 따라

점두판매	· 점포로 고객을 유치하여 판매를 하는 방법이다. · 내점(來店)을 촉진할 수 있는 각종 광고나 판매촉진이 필요하다. · 따라서 점포의 환경을 정비하고 관리하며 호감 가는 점포로 만들어야 한다. · 친절한 접객 매너가 중요하고(접객 테크닉) 인테리어에 신경 써야 한다. · 시장성에 어울리는 상품을 구비해야 하고 상권이나 진열도 중요한 판매수단이 된다.
통신판매	· 카탈로그, DM, 신문 간지, 전화, CATV, VIDEO TEX, TV, 라디오, 잡지, Internet 등을 통한 판매가 그것이다. · 반응 및 효과가 즉시 나타나고 통계가 예측 가능하다. · Database를 통하여 새로운 제안이 가능하다. · 표적 대상을 정확히 포착하여 집중적으로 소구할 수 있다. · 예산에 맞춰 규모를 조정할 수 있다.
루트판매	· 항상 일정한 거래처를 같은 루트(Route)로 판매활동을 한다. · 고객분석(성장성, 안정성, 수익성)을 통하여 중점관리에 소홀함이 없어야 한다. · 고객의 문제를 해결해 주는 컨설팅 세일즈가 되어야 한다. · 소비재일 경우 소매점 관리를 강화해야 한다. · 신규고객 확보에 항상 노력해야 한다. · 재방문이 계속됨에 따라 한정된 시간을 유용하게 활용해야 한다.

방문판매		· 영업사원이 직접 고객을 찾아가 판매하는 방법이다. · 예상고객(예상고객 발굴리스트) 발견과 확보에 노력한다. · 방문효율을 높이는데 항상 노력해야 한다. · 판매 도구를 개발하여 적절히 활용할 필요가 있다. · 고객정보의 정리와 활용을 효과적으로 해야 한다.

· Direct sales: maker가 중간 유통업자나 도매업자를 배제하고 직접 소비자를 대상으로 판매활동을 하는 것으로, 주로 통신판매가 이에 해당되지만 방문판매도 해당될 수 있다.

6. 신규개척을 위한 프로 세일즈맨 십

Prepare	준비한다.	· 상품지식을 완전히 한다. · 판매 도구를 충분히 준비한다. · 상담기술을 완전히 마스터한다. · 프로 세일즈맨으로서의 마음가짐에 만전을 기한다.
Research	연구 조사한다.	· 자신의 담당 지역에 대해 충분한 정보를 수집하여 분석해 둔다. · 담당 거래처에 대한 자료를 정비한다. · 업계나 라이벌 기업에 대해 충분한 정보를 수집하여 분석해 둔다.
Object	목적 목표를 명확히 한다.	· 시간보다 목표를 중심으로 행동한다. · 미래는 목표의 크기와 노력에 의해 결정된다. · 목표가 없는 곳에 노력과 진전은 없다.

Service	서비스가 좋다.	· '상품의 가치를 높이기 위한 특별한 노력'을 덧붙이는 것이다. · 어떠한 노력인가 하면 속도, 정보, 확실성, 감사의 마음, 신뢰성, 성의 등이다. · 상품은 서비스를 덧붙여야 가치가 올라간다.
Action	행동한다.	· 씩씩한 행동이다. · 스피드한 행동이다. · 필요할 때에 필요한 행동을 하는 것이다. 필요한 때란 영업시간이 아니라 영업시간 외이다.
Learn	배우다.	· 톱 세일즈맨의 좋은 점은 척척 흡수해 간다. · 매년 자신의 능력을 10% 이상 향상시켜 간다. · 1개월에 실무서 2권은 읽도록 한다.
Enthusiasm	정열적이다.	· 자신의 목표달성에 집념의 불을 피운다. · 태양처럼 언제나 빨갛게 불태운다. · 열의를 가지고 목표를 달성한다.
Sample	샘플을 준비한다.	· 카탈로그, 리플릿, 팸플릿 등을 가지고 다닌다. · 견본, 샘플 등을 가지고 간다. · 자료, 데이터를 갖추어 둔다.

Manner	매너가 좋다.	· 익을수록 머리를 숙인다는 벼처럼 인사를 제대로 한다. · 기본동작은 배우의 연기처럼 확실히 마스터해둔다. · 일류의 세련된 매너를 몸에 익힌다.
Advance	전진하다.	· 아무튼, 한 번 더 "사주십시오."라고 한다. · 판매확정 화법을 5번 실시한다. · 할까, 말까 망설일 때는 『한다!』. · 실패해도 후회하지 않는다. · '공격은 최대한 방어이다' 반드시 살 것이라 생각하고 최후까지 단념하지 않는다.
Neat	청결하다.	· 우선 마음의 청결함을 가진다. · 다음은 얼굴, 머리, 손등 남의 눈이 머무는 곳은 청결히 손질한다. · 복장도 청결한 느낌, 센스를 나타내도록 한다.

이상의 이니셜을 합치면 **PRO-SALESMAN**이 됩니다.

7. 신규개척을 위한 가맹고객의 선정

가망고객	내 용
New prospects (새로운 가망 고객)	새로운 가망고객을 찾아다니는 영원한 탐광사가 되어야 한다. 고객명부에 새로운 이름을 추가하지 못하면 서서히 몰락한다.
Old customers (옛날 고객)	거래가 끝난 고객, 일회용 고객, 지나간 고객 등을 말한다. 이들은 영업사원이 다시 오기를 기다리고 있다.
Prospects who aren't buying (구매를 거절하는 가망고객)	다시 한번 다가서라! 재결합이 가능하다.
Present Customers (현재의 고객)	새로운 상품이나 아이디어를 살 수 있다. 새로운 결합을 시도하라.

8. 가맹고객 선정을 위한 12영역

① 전(前) 직장에서 알았던 사람들
② 학교 동창 관계
③ 취미로 인해 알게 된 가망고객
④ 공공활동이나 자선활동을 통해 접촉했던 사람들

⑤ 주택소유자로서 알게 된 사람들

　(가스공급원, 전기회사원, 가구센터, 각종 수리공)

⑥ 현재 함께 살고 있거나 예전에 같이 산 적이 있는 모든 이웃 사람들

⑦ 자가용 오너로서 알게 된 사람들

　(자동차 판매업자, 수리공, 주유소나 서비스센터)

⑧ 거래한 적이 있는 모든 사람들(식료품상인, 은행원)

⑨ 자녀들을 통해 알게 된 사람들

⑩ 교회 관계나 활동에서 알게 된 사람들

⑪ 아내의 활동영역에서 알게 된 사람들

⑫ 클럽활동에서 알게 된 사람들

▶ 이같이 분류하여 가망고객을 12영역으로 관리하면 편리하다.

2
판촉관리

1. 판촉의 정의

- 판촉이란 판매촉진의 줄임말임.
- 광고와 인적판매의 중간에서 소비자의 구매나, 판매점포의 활성화를 자극할 수 있는 비 반복적 활동.

2. 판촉의 과정

- 판촉의 목표설정 / 아래 참고
- 총예산의 결정
- 어떤 판촉활동을 할 것인가?
- 어떤 판촉 수단을 사용할 것인가?
- 실시 스케줄
- 효과는 어느 정도인가

▶ **판촉요소의 배합과 투입**

[판촉의 목표설정?]

- 누구에 대해서(소비자·도매상·소매상·오피니언 리더)
- 무슨 목적으로(인지·이해·사용·고정·강화)
- 언제까지(기한)
- 어느 정도로(수량 등의 구체적 목표)

[어떤 판촉활동과 수단인가?]

- 어떤 판촉 전략이 좋을까?
- 판촉정책은 목표·목적에 적합한가?
- 판촉정책은 대상에 적합한가?
- 최소한의 비용은 어느 정도인가?
- 경합 중인 타사는 어떤 활동을 하고 있는가?

- 정책적인 규칙은 어떠한가?
- 총예산과 비교했을 때 어느 판촉활동들을 결합하는 것이 가장 좋을까?

3. 판촉의 목적

- 제품에 생명력을 불어넣기 위해.
- 제품의 수명을 연장시키고 수익을 높이기 위해.
- 경쟁사보다 소비자에게 더 많이 선택받기 위해.
- 제품을 쉽게 팔기 위해.
- 경쟁사가 하니까 자사도 밀리지 않기 위해.
- 짧은 기간에 제품을 처분하고 재고에 들어가는 자금을 회전시키기 위해.
- 신제품을 알리기 위해.
- 우리 제품이 괜찮은 것이니까 한 번 써보라고(만약 안 써보게 되면 나중에 후회할 테니까).
- 우리 제품을 모르면 신세대가 아니고 구세대이거나 다른 사람보다 늦게 행동하는 사람이니까 알든 모르든 호기심에서 한 번 써보게 하려고.

4. 판촉개발 체크리스트

• 상품

R&D	① 기술을 개발한다. ③ 다른 품질의 상품을 제작한다. ⑤ 규격을 바꾼다. ⑦ 품질을 바꾼다. ⑨ 양산화한다. ⑪ 제약요소를 없앤다.	② 상품을 다각화한다. ④ 용도를 넓힌다. ⑥ 크기를 바꾼다. ⑧ 반제품을 제품화한다. ⑩ 손으로 만든다. ⑫ 재질을 변화시킨다.
차별화	① 특허, 실용신안을 낸다. ③ 규격품으로 한다. ⑤ 선물상품으로 한다. ⑦ 계절상품으로 한다.	② 공인상품으로 한다. ④ 기념품으로 한다. ⑥ 세트화 한다.
외관	① 좋은 상품명을 개발한다. ③ 상표를 여러 개로 한다. ⑤ 공동 브랜드로 한다. ⑦ 디자인을 바꾼다. ⑨ 선전용 스티커를 붙인다.	② 상표를 널리 알린다. ④ 상표를 바꾼다. ⑥ 용기를 바꾼다. ⑧ 포장을 바꾼다.
가격	① 가격을 내린다. ③ 2중 가격으로 한다. ⑤ 통일 가격제로 한다.	② 가격을 올린다. ④ 지역 가격제로 한다.

• 유통

판매기구	① 관련 기업과 합병한다. ③ 해외로 진출한다. ⑤ 판매회사를 독립시킨다. ⑦ 도매상을 정리한다. ⑨ 영업소를 설치한다. ⑪ 서비스 루트를 짠다. ⑬ 계열화 정책을 편다. ⑮ 취미모임을 조직한다.	② 합병·흡수한다. ④ 기술을 제휴한다. ⑥ 판매 루트를 재편성한다. ⑧ 대리점을 설치한다. ⑩ 서비스 루트를 이용한다. ⑫ 체인화 시킨다. ⑭ 지역판매를 한다.
판매방법	① 다른 업계의 판매방법을 취한다. ③ 통신판매를 한다. ⑤ 자동판매를 한다. ⑦ 이동판매를 한다. ⑨ 파티 판매를 한다. ⑪ 사업자에게 판다. ⑬ 전시회 판매방식을 취한다. ⑮ 판매점의 이윤 폭을 크게 한다. ⑰ 큰 거래처의 계열로 들어간다. ⑲ 행사를 이용하여 판매를 한다.	② 배치판매를 한다. ④ 출장판매를 한다. ⑥ 루트판매를 한다. ⑧ 맡기고 돌아다니는 판매실시 ⑩ 위탁판매를 한다. ⑫ 가족소개 제도를 취한다. ⑭ 거래조건을 개선한다. ⑯ 공동작전을 편다. ⑱ 팀제 판매를 한다. ⑳ 캠페인 판매를 한다.
영업사원	① 목표를 선명하게 내세운다. ③ 영업사원을 늘린다. ⑤ 영업사원을 변화시킨다. ⑦ 상여금 제도를 만든다. ⑨ 타 업종의 영업사원을 활용한다.	② 개척 리스트를 작성한다 ④ 영업사원을 교육시킨다. ⑥ 베테랑 영업사원을 배치한다. ⑧ 성과배분 제도를 만든다. ⑩ 아르바이트 사원을 활용한다.
광고선전	① 광고선전에 힘을 기울인다. ③ 광고매체를 변화시킨다. ⑤ 판촉물을 사용한다. ⑦ 샘플을 제공한다. ⑨ 선전 차량을 활용한다. ⑪ DM을 이용한다. ⑬ 유행을 만든다.	② 공동광고를 한다. ④ 전시회에 출품한다. ⑥ 상품 설명회를 연다. ⑧ 캠페인을 전개한다. ⑩ 역할연기를 한다. ⑫ 캐치프레이즈를 내 건다.

• 수요

구매욕자극	① 리스트를 만든다. ③ 서비스를 펼친다. ⑤ 품질을 보증한다. ⑦ 특전을 준다. ⑨ 온천 해외여행을 시켜준다. ⑪ 보험을 붙인다. ⑬ 편리를 꾀한다. ⑮ 컨테스트를 한다. ⑰ 엘리트 의식을 높여준다. ⑲ 판매요점을 철저히 강조한다.	② 할부로 판매한다. ④ 노력을 한다. ⑥ 소비자를 교육시킨다. ⑧ 경품을 준다. ⑩ 공장을 견학시킨다. ⑫ 사용하기 쉽도록 한다. ⑭ 소비자 욕구와 일치되도록 한다. ⑯ 라이벌을 격하시킨다. ⑱ 학교를 연다.
대상	① 고객층을 바꾼다. ③ 연령층을 바꾼다. ⑤ 직업층을 바꾼다. ⑦ 특정층을 겨냥한다. ⑨ 대상시장을 넓힌다.	② 성별을 바꾼다 ④ 소득계층을 바꾼다. ⑥ 지역을 바꾼다. ⑧ 수요자를 조직화한다.
기타	① 매스컴을 활용한다. ③ 모니터 제도를 취한다. ⑤ 권력자를 이용한다.	② 오피니언 리더를 이용한다. ④ 유명인을 이용한다. ⑥ 회원소개 제도를 취한다.
서비스지원	① 사람들이 싫어하는 것을 대신해 준다. ③ 문제점을 해결해 준다. ⑤ 특별한 지식, 기능을 갖춘다.	② 불편한 사항을 해결해 준다. ④ 손이 많이 가는 일을 해준다. ⑥ 불안을 없애준다.

• 온라인

온라인	① 홈페이지를 활용한다. ③ 트위터를 활용한다. ⑤ UCC 동영상을 활용한다.	② 카페나 블로그를 활용한다. ④ 페이스북을 활용한다. ⑥ 이메일을 활용한다. 기타

3

영업물류

1. 물류의 개요

- 물류란 원료의 조달에서부터 완성품을 최종 소비자에게 전달할 때까지의 총체적인 물자의 흐름을 말함.
- 공급자에서 수요자에 이르기까지 시간적 공간적 격차를 물리적으로 극복하고 경제재의 효용을 늘리고, 적정한 장소와 시간에 보다 빨리 보내는 것이 물류의 기능임.
- 영업물류는 판매물류와 반품물류를 포함하는 개념임.

2. 물류의 영역

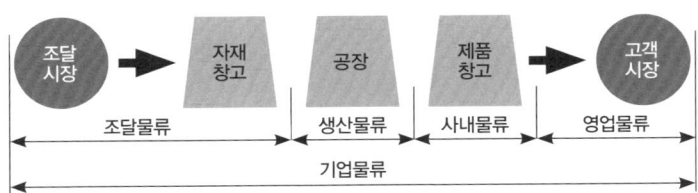

- 물류의 흐름은 전사적으로 비용절감에 중점을 두어야 한다.
- 특히 영업물류는 판매물류와 반품물류의 효율성을 높여야 한다.

3. 비용별로 본 물류

기업물류	물자유통비	포장비
		수송비
		보관비
		하역비
		유통가공비
	정보유통비	물류정보유통비
		물류전산화비
	물류관리비	현장물류관리비
		본사 물류관리비

4. 영업물류의 효율성 높이기

- 고객에 대한 서비스의 질 높이기.
  - 거래처에서 품절이 발생하는 것을 방지함.
  - 파/오손품으로 인한 반품이 발생되지 않도록 하고 이미 발생한 것은 빨리 처리함.
  - 보다 빠른 시간 내에 지정된 장소에 배송되도록 함.
  - 포장비는 최소화하되 고객이나 거래처가 편리해야 하는 포장

방법을 이용하도록 함.
- 사전 주문율을 높임.
- 소량 다빈도 주문에 신속히 대처함.
- 신선한 제품을 공급함.
- 가정에 배달하는 경우 고객이 원하는 날짜, 원하는 시간에 틀림없이 도착되도록 함.
- 부득이 약속을 지키지 못할 경우 미리 양해를 구함.
- 특히 계절상품일 경우 고객의 입장을 충분히 고려함.
- 소비자의 소비 경향을 파악하여 미리 대비함.

- 배송 차량의 효율성 높이기
  - 인수거절에서 발생되는 배송 차량의 공회전을 방지함.
  - 배송 차량의 회전율을 높임.
  - 배송 차량의 수송량을 높임.
  - 배송의 단계를 최소화 함(공장-지점-대리점-거래처에서, 공장-거래처로).
  - 상·하차를 기계화 함.
  - 배송 차량 활용에 필요한 최적의 공간을 유지함.
  - 예상 판매물량에 적합한 적정재고를 보유함.
  - 배송물량에 따라 적절한 차종을 선택함.

- 상품에 문제가 없는 범위에서 포장을 최소화 함.

- 제품보관의 최적화
  - 임차창고를 사용할 때는 보관비 절감에 관심을 가짐.
    (15일 간격으로 계산한다고 했을 때 하루 차이로 15일분을 더 지불할 경우가 있다는 사실 하나만 해도 결코 간과할 수 없는 사항임)
  - 재고관리를 전산화 함.
  - 습기가 차지 않도록 함.
  - 직사광선을 피하도록 함.
  - 통풍이 잘 되도록 함.
  - 쥐·곤충·기타 해충의 피해가 없도록 관심을 가짐.
  - 창고적재 방법을 제품별 규격별로 함.
  - 많이 팔리는 제품을 입구 쪽에 덜 팔리고 회전이 느린 제품은 안쪽에 적재함.
  - 제품의 종류와 창고의 크기에 따라 컨베이어시스템의 도입도 고려함.
  - 정리정돈, 청소, 청결을 철저히 함.
  - 무거운 것은 아래에, 가벼운 것은 위쪽에 적재함.

5. 물류를 운송하는 방법

운송방법	장 점	단 점	운송대상
① 선박	비용이 저렴하다.	느리고 이용에 제한이 따른다.	석유, 석탄, 고철 등
② 파이프라인	비용이 저렴하다.	최초의 시설비용이 많이 들고 특수한 용도로만 쓰인다.	가스, 석유 등
③ 기차	쉽게 이용할 수 있고 비용도 저렴하다.	철도가 없는 곳에서는 이용에 한계가 있다.	곡물, 목재, 금속 등
④ 트럭	많이 이용되고 있고 비용도 저렴하다.	국외 또는 눈이 오면 제한이 따른다.	사무 기계, 가전품, 자동차 등
⑤ 비행기	운송속도가 빠르고 원거리에 적합하다.	비용이 많이 든다.	광학 제품, 전자 제품, 신선한 제품 등
⑥ 고속버스	빨리 도착시킬 수 있고 비용이 저렴하다.	활용할 수 있는 상품이 제한되어 있다.	견본품, 서적, 서류 등
⑦ 용달차	비용이 저렴하다.	많은 물량을 운송하는 데는 적합지 못하다.	가전제품, 피아노, 쌀 등
⑧ 오토바이 (자전거)	비용이 저렴하고 좁은 골목에 적합하다.	적재물량이 큰 것은 제한이 따른다.	부피가 작은 상품
⑨ 손으로 들고 가기	고층 빌딩 및 옥내에서 이동이 간편하다.	무거운 것은 곤란하다.	상품권, 입장권, 귀금속류 등
⑩ 엘리베이터 (컨베이어)	비교적 많은 물량을 운송할 수 있다.	다른 건물로나 장거리 운송이 곤란하다.	엘리베이터 안에 실을 수 있는 모든 상품

※ 영업물류에서 운송방법의 선택은 물류의 비용의 절감과 고객 만족의 차원에서 신중히 결정해야 함

※ 만일 비용절감과 고객 만족 중에서 하나를 택해야 한다면 당연히 고객 만족이 우선임
※ 영업물류에서 가장 중요한 것을 상품의 특성을 파악하여 가장 신속하고 저렴한 방법을 선택하는 것임
※ 특히 전체 매출액에서 물류비가 매우 높음 (업종에 따라 다르지만 3%~15%까지 다양함)

4

진열관리

1. 진열의 개요

- 진열이란 상품을 소비자에게 주장하고 호소하는 것.
- 매장의 위치에 따라 필요한 공간을 결정함.
- 상품별, 규격별, 가격별로 가지런히 분류 배치하여 소비자가 구매하기 편리하게 해주어야 함.

2. 진열은 연출이자 광고

연출	=	진열	=	광고	
스타	상품			매장	윤곽
무대	매장			점두적시진열	헤드라인
소도구	집기			엑센트진열	타이틀
무대미술	장치, 장식			보충진열	카피
객석	통로(동선)			장식기술	삽화
관객	고객			매장계획	레이아웃
연출가	영업사원				

3. 진열의 종류

보이는 진열	[전시진열] 예) 상징적진열, 극적진열, 분위기진열, 편집적진열, 정보적진열 [강조진열] 예) 조합진열, 샘플진열, 대량진열, 마네킹진열, 소도구진열
팔기 위한 진열	[보충진열] 예) 행거진열, 분류진열, 정면진열, 전진 입체진열, 자력진열, 견본진열 [특수진열] 예) 정렬진열, 혼합진열, 섬(ISLAND)진열

4. 진열의 기본원칙

- 보기 쉽게
  - 상품의 라벨이 정면을 향하고 있는가?
  - 먼지가 묻거나 파손된 것은 없는가?
  - 종류별·규격별로 잘 구분되어 있는가?
  - 가격표가 떨어진 것이나 선명치 못한 것은 없는가?
  - 중요한 제품, 규격품이 잘 보이는 자리에 있는가?

- 만지기 쉽게
  - 큰 포장을 벗겨 놓았는가?
  - 고객이 선택했다가 본래대로 놓기 쉽게 되어있는가?
  - 허물어지기 쉽게 진열되지는 않았는가?
  - 무거운 것이 높은 곳에 위치하고 있지는 않은가?

- 고르기 쉽게
  - 상품종류, 그룹별 표시가 정확히 되어있는가?
  - 비슷한 상품끼리 진열되어 있는가?
  - 먼저 구매된 제품이 먼저 팔리도록 진열되어 있는가?

- 박력 있게
  - 상품이 깨끗하고 청결한가?
  - 제품이 품목별·규격별로 풍부하게 진열 되었는가?
  - 주력상품이 적절하게 두드러져 보이는가?
  - 입체감과 생동감이 있는가?
  - POP 등 인쇄 판촉물이 살아 있는가?

5. 진열의 중요성

- 많이 보이면 보일수록 많이 팔림
- 경쟁에 비해 진열이 열세하면 판매도 열세가 됨
- 진열은 소비자에게 구매 편의를 제공함
- 진열은 가장 훌륭한 광고임
- 진열의 높이에 따라 판매량의 차이가 현저함
- 진열 없이 판매 없음

6. 진열하기

- 진열의 형태와 사용범위

구분	진열형태	사용범위
곡선형	))	· 주로 여성 의류 · 부드러운 느낌이 강조
수평형	=	· 규격품, 의류 등 · 안정감이 강조
수직형	||	· 남성 의류 등 · 중후한 느낌이 강조
수직 수평형	╫	· 안정감 · 중후한 느낌

원형	●	· 단품 구성 · 리듬감
반원형	◐	· 벽면 연출 · 리듬감
삼각형	▲	· 기본적인 구도 · 안정감
역삼각형	▼	· 기본구도의 변형 · 긴박감
방사선형	✳	· 공간, 벽면을 구성 · 관련 상품을 응용

● 진열작업의 방식

작업방식	주 안 점	소 재	사용 장소
붙이기	자연스럽고 간결하게	압핀	벽면, 기둥, 판넬
걸기	동적이고 경쾌하게	낚싯줄, 로프, 쇠사슬	쇼윈도, 진열장, 스테이지, 집기
놓기	안정적이고 양감 있게	압핀, 소도구	쇼윈도, 쇼케이스, 테이블 스테이지, 진열대

• 진열작업의 순서

진 열 계 획 / 순서별로

1. 판매요점의 파악
2. 상품의 분류 및 정리
3. 표현상품의 결정
4. 상품 테마의 결정
5. 진열장소 여건의 파악
6. 진열장소의 정리와 청소
7. 표현장소의 결정
8. 진열 테마의 결정

9. 연출 도구의 확인
10. 주력상품의 선정

⬅ 연출 도구의 배치

11. 마네킹 및 진열기구 선정
12. 착수 및 코디네이션
13. 마네킹 및 진열기구의 배치와 수정

⬅ 연출 도구의 배치

14. POP, 쇼카드의 배치
15. 조명의 체크

7. 매장진열 체크리스트

- 자사 상품은 항상 알맞은 자리에 놓여 있는가?
  - 타사 상품의 진출에 주의하라.
    변경이 있다면 담당자와 협상해야 한다.

- 자사 상품은 고객의 눈에 잘 보이는 곳에 놓여 있는가?
  - 매장 담당자에게 잘 보이는 곳으로 옮겨 달라고 한다.

- 자사 상품은 어떻게 취급되고 있는가? 우대받고 있는가?
  - 그 점포의 주력상품으로 취급되고 있는가를 체크한다.

- 더러워졌거나 라벨이 잘못되어 있지는 않은가?
  잘 정돈되어 있는가?
  - 더러움을 제거하고, 심한 경우에는 교환을 제의한다.
  - 잘 진열한다(신선도 유지, 정돈, 청결).

- 컬러가 상품에 어울리는가?
  - 어울리게 진열한다.

- 진열공간은 충분한가? 자사 상품의 특성이 잘 표현되었는가?
  - 볼륨감, 청결감, 신선감 등이 표현되도록 한다.

- 자사의 동일상품이 분산되지 않았는가?
  - 같은 장소에 진열하더라도 볼륨감이 나도록 연출한다.

- 자사 상품이 손에 쉽게 닿는 장소에 있는가?
  안쪽 보이지 않는 곳에 있는 것은 아닌가?
  - 전면으로, 구매자의 키에 맞춰 위치, 높이를 정한다.

- 자사 상품의 주변이 한산하지 않은가?
  타사 상품과의 관련성은?
  - 자사 상품의 주위가 한산하면 고객접근이 곤란하다.

- POP나 쇼카드는 적당한가?
  더럽거나 오래 되지는 않았는가?
  - 다시 써넣고 바꾸기나 위치를 변경한다.

- 재고는 적당량이 납품되어 있는가?
  오래된 것이 남아 있지는 않은가?

- 재고량을 조사 충분히 공급한다.
- 교환 가능한 것은 교환한다.
- 선입선출은 잘 되는가를 확인하다.

- 특매, 계절 서비스에 적당한 상품은 있는가?
  - 약간 오래된 상품을 특매나 계절 서비스에 신속하게 공급하다.

- 자사 상품에 대한 고객의 구매 선호와 평가는 어떤가?
  - 고객의 구매 동향을 관찰 조사한다.
  - 고객의 평가를 듣는 것도 좋다.

- 가격, 신선도, 포장 등에 대한 평가는 어떤가?
  - 고객 옆에 있으면 여러 가지 소리가 들려온다.

8. 진열의 2W2H

What 무엇을	• 어느 제품을? • 어떤 규격을?
Where 어디에	• 어떤 위치에? • 어떤 높이에? (진열대의 몇째 칸) • 정면인가? 측면인가?
How 어떤 형태로	• 크고 많아 보이게 할 것인가? • 풍만하게 할 것인가? • 특정규격 중심의 중앙집중식으로 할 것인가?
How many 몇 개를	• 전면에 제품별로 몇 개를? • 뒷면에 몇 개를?

※ 진열점유율은 시장점유율의 선행지표임
※ 따라서 진열점유율을 넓히면 시장점유율의 향상으로 이어짐

5

재고관리

1. 재고관리 개요

- 재고는 경제적 가치를 지닌 유효자원임.
- 원자재, 부품, 완제품 및 판매될 상품 등을 말함.
- 불량재고란 판매되지 않고 회사나 거래처에서 사장재고로 잠자고 있는 것을 말함.
- 사장재고는 그것이 팔려 기업경영에 재투자 되어 회전되어야 하는데 그렇지 못함으로써 기업경영에 저해요인이 되고 있음.
- 영업사원이 거래처의 자사 재고와 불량재고에 신속히 대처할 필요가 있는 것은 바로 이 때문임.

2. 불량재고의 예방

- 정기적인 거래처 재고조사

거래처 재고조사 현황

거래처명: 조사 일자: 조사자:

제품명	규 격	제조 일자	수 량

재고증감에 따른 장/단점과 대책

구분	장점	단점	대책
재고 증가	· 판매량 증가	· 불량재고 증가 · 소요자금증대 · 소비자 기호에 대처 미흡	벨런스 + 상품회전율 ↓ 재고관리 효율화
재고 감소	· 불량재고감소	· 판매 감소 · 품절 납기지연 · 진열 열세	

상품회전율의 점검

KPI	산식
1. 상품회전율	$\dfrac{\text{연간 매출액}}{\text{상품 평균 재고액}}$
2. 상품 신선도(일)	$\dfrac{365}{\text{상품회전율}}$
3. 1개월 상품회전율	$\dfrac{\text{상품회전율}}{12}$
4. 상품재고	$\dfrac{\text{1개월의 매출액}}{\text{1개월의 상품회전율}}$
5. 1일 팔리는 수량	$\dfrac{\text{상품회전율} \times \text{재고량}}{365}$

- 상품회전율과 1일 팔리는 수량은 많을수록 좋음
- 상품 신선도(일)는 짧을수록 좋음

3. 불량재고의 기회손실 방지

• 불량재고의 기회손실 금액

  = 불량재고 금액 × 상품회전율 × 매출 총 이익률

구 분	비 고
불량재고 금액	100만원
상품회전율	6.2회
매출 총 이익률	23.3%

• 불량재고의 기회손실 금액은 100 × 6.2 × 23.3 = 144만원

• 불량재고 대책
  • 거래처별로 선별하여 특매를 하던가, 증정판매를 하던가.
  • 반품하여 잘 팔리는 거래처로 재판매함.
  • 특히 식품의 경우, 불량재고가 유통기한의 문제로 전량 반품 폐기되는 경우가 있는데 이때의 손실은 매우 큼.

6

수금관리

1. 수금관리의 중요성

- 외상매출금을 현금 또는 받을어음 형태로 받아들이는 것
- 대금회수는 그것으로써 완전한 판매가 이루어지는 것임
- 외상판매를 하는 업종에서 수금관리는 매우 중요함
- 판매=수금이라는 생각을 가져야 함

2. 수금관리에 필요한 KPI

- 매출채권회전율 = $\dfrac{\text{연간 매출액}}{\text{월평균 매출채권}}$
  - 매출채권 잔액에 받을어음을 포함시킴
  - 회전율이 높을수록 양호한 것임
  - 몇 회전의 개념이지 %의 개념이 아님

- 매출채권 회전일수 = $\dfrac{\text{월 평균 매출채권 잔액}}{\text{연간 매출액}} \times 365$
  - 매출채권 잔액에 받을어음을 포함시킴
  - 회전일수가 짧을수록 좋음

- 매출채권 수금률

$$= \frac{당기\ 수금액}{기초\ 외상매출금\ 잔액\ +\ 당기\ 매출액} \times 100$$

  - 외상매출금 잔액에 받을어음을 포함시키지 않음
  - 수금률이 높을수록 좋음
  - 수금률이 100%라 함은 외상매출금이 '0'임

- 평균수금일 수 (현금+받을어음)

$$= \frac{(현금 \times 0일)\ +\ (받을어음1 \times A일)\ +\ (받을어음2 \times B일)}{현금\ +\ 받을어음1\ +\ 받을어음2}$$

  - 300만원을 다음과 같이 수금했을 때 평균수금일 수는 다음과 같음

현금	받을어음 1	받을어음 2
100만원	100만원 / 20일	100만원 / 50일

- 받을어음 할인율 $= \dfrac{차입금\ 평균\ 이자율(연)/12}{받을어음\ 기일(달)}$

  - 예) 500만원을 약속어음 120일 자로 수금했을 때 할인율과 할인금액은? (차입금 평균 이자율은 12%)

> **[계산]**
>
> 1. 몇 개월인가? 120일 / 30일 = 4개월
> 2. 공식에 대입하면 할인율은? 12/(12/4) = 4%
> 3. 할인금액은? 500 × 0.04 = 20만원
> 4. 따라서 500만원의 받을어음은 20만원을 할인한 것과 같음
> 5. 출고일 기준으로 계산할 때는 받을어음 기일에 출고일부터 대금회수기일까지의 기간을 포함시킴

- Z 그래프의 활용

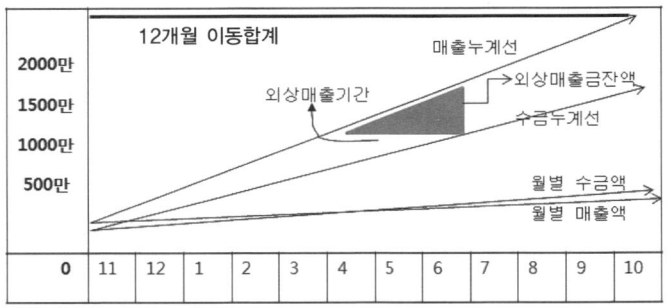

- 12개월 이동합계 매출액으로 작성함.
- 외상매출금 잔액과 외상매출 기간이 길어질 때 주의함.
- 외상매출금 잔액 선이 상하로 길어지는 것은 수금상황이 나쁘다는 증거임.
- 외상매출금 기간 선이 좌우로 길어지면 지불기한의 장기화를

의미함.
- Z 그래프로 판매예측에 활용할 수 있음.

    Z 우상향 – 매출 순조형
    Z 정 Z – 매출 정체형
    Z 우하향 – 매출 쇠퇴형

3. 외상대금수금 요령

- 판매 = 수금
  - 판매는 수금으로 완료됨.
  - 판매와 수금은 동급임.
  - 평소에 신용조사를 철저히 함.
  - 수금계획을 철저히 수립함.

- 철저한 회수
  - 철저한 수금은 고객한테도 도움이 됨.
  - 공존공영의 틀을 구축하는 것임.
  - 영수증 등 서류준비를 잊지 않음.
  - 액수가 적더라도 되도록 회수함.

- 방문 약속 이행
  - 청구일을 잊지 않음.
  - 지불일 직전이 되면 날짜를 확인함.

- 단호한 청구
  - 단호한 태도를 취함.
  - 불가피한 조처를 취할 것임을 시사함.
  - 지불해줄 때까지 끈기 있게 버팀.

4. 매출채권 관리의 7가지 원칙

- 조사선택 / 신용조사 실시
  - 거래처의 신용을 조사한다.
    - 인물, 경영능력
    - 재력, 자금 사정
    - 현재의 영업현황

  - 현 외상 잔고 구성을 조사한다.
    - 제품 재고, 거래처 잔고, 대손율 등

- 조건명시 / 거래 약정서 체결
    - 외상판매 조건의 세부내용을 명확히 파악함.
    - 지불조건에 대한 동의를 확실히 받음.

- 합리적인 판매 / 순리적이고 한정적인 판매
    - 적정재고, 잔고를 유지함.
    - 과욕으로 단기간에 밀어붙이지 않음.
    - 강력히 수표거래를 유도함(타인수표도 OK).

- 신속한 청구 / 회전기일 단축
    - 수금기회를 놓치지 않음.
    - 당월 계산은 반드시 그달 안에 처리되도록 청구하여 완결함.
    - 기준 회전일이 늘어나지 않도록 청구함.

- 경계방어 / 담보취득 실시
    - 지불 기피, 연장을 경계함.
    - 약속어음 기일연장을 경계함.
    - 회사 공금유용을 경계함(영업사원).

- 여신한도 / 여신한도 관리
  - 담보 안에서 신용한도를 설정함.
  - 어음·수표의 필수기재 사항을 점검함.
  - 신용한도가 설정되면 반드시 엄수함.

- 결단 조치 / 대손예방 관리
  - 비상시의 수금대책을 마련함.
  - 사고를 방지하기 위해 정확한 판단이 서면 단호히 조치함.

5. 거래 단계별 매출채권 관리

- 거래처 신청 시
  - 선정 전에 철두철미하게 신용을 조사함.
    - 인격, 학력, 경영능력, 재산상태(자금력), 신용도, 자금상태, 영업현황
  - 해당 거래처 후보에 대한 정보망을 구축해 놓음

- 개설 시
  - 교육

- 지역 특성, 제품특성, 거래처 역할
- 당사의 거래 약정서에 대해 설명하고 이해시킴.
- 소요자금을 점검함.
  - 시설자금과 소요자금
- 거래에 필요한 세부조건을 명확히 함.
  - 매출목표, 회전일, 신용한도
  - 적정재고 및 적정 외상 잔고, 결제방법
- 담보를 설정
  - 감정서(설정액 한도의 기준이 됨)
  - 지적도, 도시계획증명원(공적 제한사항 점검)
  - 등기부 등본(사전 제한사항이 있는지 점검)
  - 담보제공 승낙서(타인담보의 경우 반드시 검토)

- 개설 6개월 후
  - 기준 회전일을 점검함.
  - 적정재고 수준을 유지하고 있는지 점검함.
  - 운영자금 활용상태를 점검함.
  - 원칙에 입각하여 거래하고 있는지 점검함.

- 정상거래 시
  - 채권 최고한도를 관리함.
    - 월중: 채권관리 측면에서(여신한도 이내인지?)
    - 월말: 자금관리 측면에서(기준 회전일인지?)
  - 대차대조표를 점검함(총자산의 증감 및 주요 자산항목 점검).
    - 재고수준, 은행예치금 잔고
    - 외상매출금, 외상 매입금, 고정자산 등
  - 손익 계산서를 점검함.
    - 월별, 분기별, 반기별, 연도별
  - 추가담보 설정을 추진함.
  - 기타사항 점검(타 사업, 특별 투자내용 등).

- 거래악화 시
  - 잔고 한도를 항시 점검하는 체제에 돌입함.
    - 외상 잔고의 담보초과 여부
    - 외상 잔고 수준의 적정성 여부(보수적으로 판단)
    - 항상 잔고 확인
  - 담보물을 관리함.
    - 담보증액을 적극 유도함
    - 기존 담보물을 재점검(구비서류, 실물)

- 정보망을 세운다
  - 거래처의 재산상태를 조사함(명의이전 여부 등)
  - 타 사업 투자 여부를 조사함
  - 대표자 소재를 파악하고 가족이동 상태를 파악
  - 정보망을 재구축함

- 거래중단 시
  - 매출채권을 확정함
  - 매출채권의 확보를 위해 조치를 취함
    - 확정일부의 당좌수표, 어음
    - 타인수표
    - 개인어음의 공증

- 거래중단 이후
  - 계획적으로 지불을 미루고 있는지 조사함
  - 불이행 시엔 담보물을 경매 처분함 (중단 시 지불 미확정인 경우, 3개월 내 담보처분)

6. 거래처별 여신한도 설정 방법

- 신용자료가 없을 때
  - 표준 적용법
    - 타 기업이 해당 거래처에 설정하고 있는 한도액에 준하여 정하는 방법
  - 점차 증가법
    - 표준 적용법의 한도액보다 일단 적게 설정하고, 실적에 따라 점차 높여가는 방법
  - 매출액 예측법
    - '매출액 = 신용'이라고 간주하는 방법
    - 해당 거래처의 총 구입액(예상 매출액 × 원가율) × 회사의 점유율 × 여신 기간

- 신용자료가 있을 때
  - 순 자산 분할법
    - 메이커와 거래하는 경우 유동자산의 비중이 높으므로 순 자산(자산 − 부채)을 구매업체 수로 균등분할 한 것을 여신한도로 설정하는 방법

- 운용자산 분할법
  - 운전자산(유동자산 − 유동부채)을 구매업체 수로 균등분할 한 것을 한도로 정하는 방법
- 거래 경험법
  - 과거의 실적을 바탕으로 여신한도를 설정하는 방법
  - (전년도 월평균 매출실적×목표 회전일수)×전년 대비 매출 신장률 + 특수여건
- 파산 시 회수 가능액 기준법
  - 거래처가 파산했을 경우 채무변제 능력에 따라 그 한도 내에서만 여신한도를 설정하는 방법
- 담보액 기준법
  - 부동산 근저당권 설정, 지급계약 보증보험, 은행지급보증 등 담보 범위로 여신한도를 설정하는 방법(가장 확실한 방법임)
- 종합신용 지수법
  - 현재 가장 많이 이용되고 있는 방법
  - 기업의 유동성을 조사하기 위해 유동성에 관한 비율에 웨이트를 곱하고 표준과 비교하여 그것을 지수화하여 점수를 나타내고, 여기에 인물 평가지수를 산출하고 비율 신용지수를 산출하여 여신한도를 결정하는 방법

7. 종합신용 지수법

• 종합신용 지수법을 이용한 여신한도 평가표

여 신 한 도					거래처명: A			
연도								
1개월 평균 매출액			한도액사정일	년 월 일	계약내용			
지급조건	현 금 %		신용 한도액	만원	등급			급
	어 음 일							
1) 비율 신용 지수 (60%)	비율구분		표준비율 (a)	실제비율 (b)	비율의 지수 b/a	비율의 웨이트 (c)	기수가치 b/a × c	
	유동 비율		114.7	125.0	1.10	25	27.5	
	자본부채 비율		4.0	35.0	0.88	10	8.8	
	받을어음 회동률		10.0	10.0	1.00	25	25.0	
	상품 회동률		19.3	20.0	1.04	20	20.8	
	매출 이익률		11.5	8.5	1.74	20	14.8	
	합 계					100	96.9	
2) 인적 신용 지수 (40%)	항목	가정 생활	대 은행 신용	경험	지불 상태	협력도	판매도	후원자	평균
	점수	80	90	95	80	85	90	90	87.1
여신한도 사정	종합 신용지수 1) + 2)		96.9 × 0.6 + 87.1 × 0.4 = 92.9					
	1개월 판매기준		200만원 × 0.8 = 160만원					
	표준 신용기간		2개월					

※ 종합신용지수에 따른 여신한도 160×2개월×0.93 = 239만원
※ 추가사항 / 보증금 담보 300만원
※ 여신한도 설정 / 297 + 300 = 597 ≠ 600만원

- 표준 신용 기간과 1개월 판매기준

> - 표준 신용 기간: 출고일로부터 현금이 되기까지의 표준일 수
>   (위에는 2개월로 계산)
> - 1개월 판매기준: 매출액(판매가) × 매출원가율 위에서 매출원가율을 80%로 보았음

8. 종합 신용지수의 계산순서

> 여신한도 = 1개월의 판매기준 × 표준 신용 기간 × 종합신용지수

- 비율 신용지수를 산출함.
  - 기업의 유동성에 관한 비율, 예를 들면 유동비율, 받을어음계정, 회전율 등을 선택하여 그 표준 치(a)를 설정함.
  - 각각의 실제 비율(b)을 계산하여 이것을 표준비율로 나눈 비율 (b/a)을 산출함.
  - 각각의 비율에 합계 100이 되도록 웨이트(c)를 주고 위에서 구한 지수에 이것을 곱하여 지수 가치(b/a × c)를 산출함.
  - 이 지수 가치를 합계한 것을 비율 신용지수라 함.

- 인적 신용지수를 산출함.
  - 인적 신용요소, 예를 들면 은행신용, 경영경험 등을 들어 각각 100점 만점으로 평가한다.
  - 6-8-1 평가점수의 산술평균을 구하여 인적신용지수로 함.

- 비율 신용지수와 인적 신용지수에서 종합 신용지수를 산출함.
  - 비율 신용지수와 인적신용지수의 웨이트를 설정함.
  - 일반적으로는 전자 6, 후자 4의 비율이 많으나, 소기업의 경우 후자에 보다 큰 웨이트를 주어야 함.
  - 종합 신용지수를 다음 식으로 산출함.

  > **종합 신용지수**
  > = [비율 신용지수 × 웨이트(%) + 인적 신용지수 × 웨이트(%)]

9. 부실채권의 징후

- 급격한 주문의 증가
  - 주문량이 갑자기 늘어난다.
  - 주문량이 갑자기 감소한다.

- 급격한 재고의 증가
  - 재고량이 갑자기 늘어난다.
  - 재고량이 갑자기 감소한다.

- 자금경색과 압박
  - 지불이 늦어지기 시작한다.
  - 약속어음의 지불기한이 연장되기 시작한다.
  - 적금이나 보증금 공탁금을 인출하기 시작한다(도주 위험).
  - 주거래은행을 변경한다.
  - 동업자 간에 위험하다는 소문이 파다하다.

- 거래처 환경의 난맥
  - 종업원의 근무 태도가 불량하다(사장을 험담 하는 등).
  - 주요거래처가 도산 당했다.
  - 노동쟁의가 발생했다.
  - 관리자, 종업원의 퇴직이 빈번하다.
  - 청소, 청결, 정리, 정돈이 불결하다.
  - 빚 독촉의 전화가 많다.
  - 유명 브랜드가 품절되었다(유통업의 경우).

- 기타의 사생활 문제
  - 점장이나 대표가 만나기를 꺼려한다.
  - 점장이나 대표의 행방이 묘연하다.
  - 사생활이 문란하다(도박, 여자관계, 알코올 중독 등).
  - 명예직이나 정치에 관여한다.

7

주문관리

1. 주문관리의 중요성

- 주문이란 고객 또는 거래처로부터 제품이나 서비스의 구매를 접수받는 것.
- 자사의 제품 또는 서비스를 영업현장에서 영업사원이나 전화, 우편, FAX, 이메일, 온라인 등으로 접수하는 것을 말함.
- 온라인 발주 시스템을 도입하여 자동발주 처리가 가능해지면 더욱 편리함.
- 주문은 매출의 시작이므로 매우 중요함.
- 산업재의 경우 맞춤 생산하는 업체는 주문을 '수주'로 부르는데 뜻은 비슷함.

2. 주문접수의 방법

- 거래처 또는 고객과의 대면 접수
  - 거래처 재고 조사내용을 참고하여 적정재고 유지를 위한 주문을 받음.
  - 주문 접수표를 작성함.
  - 신용한도를 체크함.

- 거래명세표를 작성함.
- 출고 의뢰서를 관리팀에 접수시킴.
- 출고 및 인수된 사항을 점검함.
- 자료를 정리함.

- 텔레마케팅에 의한 주문접수
  - 전화를 걸기 전에 미리 계획을 세움.
  - 신뢰감을 형성할 수 있도록 접근함.
  - 고객이나 거래처에 대한 일반적인 사항을 이해함.
  - 주문을 받거나 주문을 의뢰함.
  - 주문 접수표를 작성함.
  - 출고 의뢰서를 관리 팀에 접수시킴.
  - 인수확인 자료를 정리함.
  - 우편, FAX, 이메일, 온라인 주문도 이에 준함.

3. 주문관리의 주의사항.

- 상품의 인수인계는 정확한가?
- 전표상의 계산착오는 없는가?

- 신속하고 친절하게 처리했는가?
- 지나치게 밀어붙이지 않았는가?
- 주문상품 중 품절된 상품은 언제까지 처리될 수 있는지를 거래처나 고객에게 설명해 주었는가?
- 배송이 지연될 때 그 사유를 설명해 주었는가?
- 사전 주문 판매일 경우, 잘못 접수된 주문으로 인한 인수거부는 없는가?

4. 주문처리의 절차

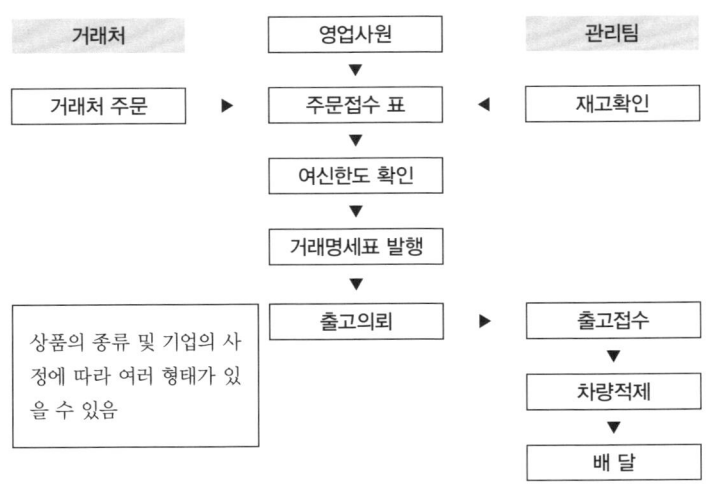

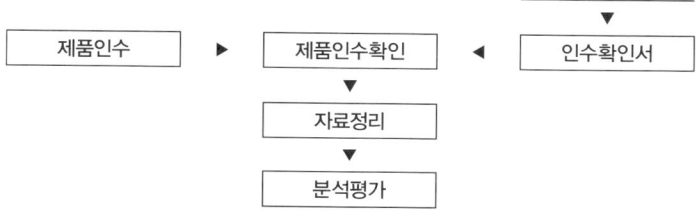

5. 경제적으로 주문량을 결정하는 법

- 적정주문량의 중요성
  - 주문접수를 받을 때에 고객 또는 거래처가 경제적으로 주문을 할 수 있도록 상세하게 상담해줄 필요가 있음.
  - 그래야 하는 이유는 쓸데없는 사장재고를 방지하여 반품이나 유통기한 경과 등의 문제를 방지하기 위해서임.

- 적정주문량을 구하는 공식
  - 총비용 $(TC) = C_o \times S/Q + C_c \times Q/2$
  - 주문비용 $= C_o \times S/Q$
  - 보관비용 $= C_c \times Q/2$
  - 적정주문량 $Q = 2C_oS/C_c$
  - 연간판매량 S, 1회 주문비 C_o, 단위당 보관비 C_c, 평균 재고

량 Q/2, 총비용 TC, 적정주문량 Q

- 적정주문량의 그래프

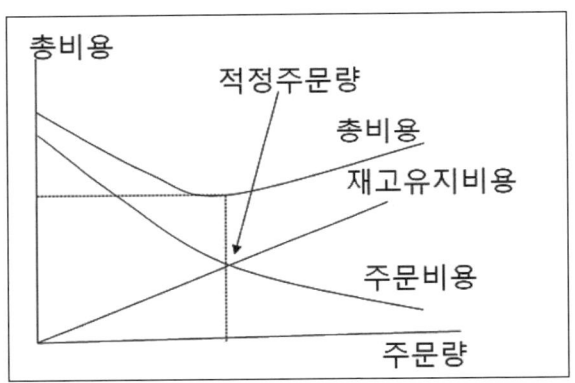

- 적정주문량의 예
  - 백화점에서 A 상품을 매년 1,000개를 판매하는데, 개당 120원씩 구매하고, 한번 주문하는데 200원의 비용이 들며 재고품은 연간 40원의 비용이 든다.
  - 한 번에 몇 개를 주문해야 하며 연간 몇 번을 해야 하는가?
  - 적정주문량 =

    $\sqrt{2C_oS/C_c}$ =

    $\sqrt{2(200)(1,000)/40}$ = **100개**

- 적정주문횟수 = S/Q = 1000/100 = **10회**

- 적정주문량 산정을 위한 전제
  - 판매가 일정하고 확정적이어야 함.
  - 주문상품의 도착시간이 고정되어 있어야 함.
  - 주문상품은 언제나 공급이 가능해야 함.

6. 적정 주문점

- 적정 주문점을 구하는 공식
  - 적정 주문점이란 주문할 때의 적정재고수준을 말함.
  - 적정 주문점 = 소요일수 × 1일 판매량
  - R = Lt × So
  - 적정주문량: R, 소요일수: Lt, 소요일수 간의 1일 판매량: So

- 적정 주문점의 예

> - 연간판매량 1,000개, 1회 주문비 200원, 단위당 보관비 40원
> - 주문량 100개
> - 소요일수 5일, 연간 판매 일수 250일, 이 경우 적정주문점을 구하라.
> - So(1일 판매량) = 연간판매량 / 연간 판매 일수 = 1,000 / 250일 = 4개/일
> - 적정주문점 R = 소요일수 5일 × 4개 = 20개
> - 따라서 재고가 20개 있을 때 적정주문점이 됨

※ 적정주문점은 기업의 입장에서 보면 안전재고개념과 비슷함

8

가격관리

1. 가격관리의 중요성

- 가격이란 구매자에게 상품의 가치를 금액으로 표시한 것.
- 상품 또는 서비스를 받는 대신 지불하는 대가임.
- 판매현장에서 느끼는 가격의 의미는 상품 가치의 수치화 및 상품력의 종합표현임.

2. 가격 결정의 목적과 요인

- 가격 결정의 목적
    - 장기이익의 극대화
    - 단기이익의 극대화
    - 성장추구
    - 시장의 안정기반 구축
    - 가격, 주도권 확립
    - 새로운 경쟁자의 진출 억제
    - 한계기업의 축출
    - 정부의 간섭 회피
    - 제품과 기업의 이미지 향상
    - 고객으로부터 공정하다는 평가 획득
    - 제품에 대한 관심을 고조시킴
    - 취약제품의 판매
    - 경쟁자의 가격 인하 억제
    - 제품의 존재를 인식시킴

- 가격 결정의 요인
  - 시장관습의 영향
  - 판매방법
  - 법 규제
  - 대리점
  - 제조원가
  - 이익
  - 슈퍼마켓, 편의점, 거래처
  - 경쟁 관계
  - 판매지역
  - 소매점이나 유통현상
  - 제품 성격
  - 고객계층
  - 판매조직
  - 수요

3. 가격정책의 종류

4. 가격 결정의 방법

- 원가 중심가격 결정
  - 단위당 원가 = 단위당 변동비+(고정비/예상판매량)
  - 제품가격=단위당 원가+단위당 이윤

- 목표이익법
  - 가격 = 단위당 원가+(목표이익/예상판매량)

- 경쟁중심가격 결정
  - 경쟁사 가격 + 우리의 차별전략 + 우리 제품의 품질 + Brand 명성

5. 가격 결정의 전략들

- 단수가격 (Odd Price)
  - 9980원: OK / 10,000원은: No
    (예: Early Bird Special By 8a.m., $2.99/Big Burger)

- 단위당 가격의 다양화
  - 화장품 용기

- Flexible Price Policy
  - 다량구매고객
  - 고객과의 특수 관계
  - 지역적 큰 차이

- 제품계열가격
  - 작은 기능 / 다른 Design / 포장의 차이를 이용 다른 가격

- 판매촉진가격
  - Loss leader → 싸다는 인상: 다른 상품은 정상가
    (낮은 가격: 미끼상품)
  - 개업기념일, 기타기념행사 시

- Package 가격
  - 제품에 부가서비스

- 분할가격
  - 입장료와 사용료 (놀이공원)

- Rebate 가격
  - 구매금액의 일정액을 현금으로 돌려주는 가격

- 차별가격
  - 고객별 차별
  - 제품형태별 차별
  - 장소별 차별
  - 시간대별 차별

[심리적 가격의 사례]
1) 단수(Odd)가격: 9와 8이 많은 가격, 예) 19,800원 2) 관습 가격 : Cola는 2,000원 3) 명성가격: '비쌀수록 품질이 좋은 것'이라는 생각 4) 일상 인식 가격: 짜장면은 5,000원 이하 라면은 1,000원 이하

- 묶음 가격
  - Bundle이 클수록 개당 가격이 인하 되는 가격
- 특별행사가격(event price)
- 가격할인 등

6. 가격조사의 목적과 원칙

- 가격조사의 목적
  - 가격현상에 대한 객관적인 평가
  - 유통 경로 상의 문제점 검토
  - 효과적인 가격정책 수립
  - 제품 경쟁력을 높임
  - 효율적인 시장관리

- 가격조사의 원칙
  - 정확성
  - 객관성
  - 지속성
  - 포괄성
  - 현실성

7. 가격관리의 방법

방 법	유지·인상할 때	인하할 때
1. 출고조절	• 전체적으로 줄인다. • 인기제품을 통제한다.	• 늘린다.
2. 감가조절	• 감가의 폭을 좁힌다. • 감가의 빈도를 줄인다. • 감가의 대상을 좁힌다.	• 감가의 폭을 넓힌다. • 자주 감가수단을 쓴다. • 골고루 넓은 대상에 감가를 해준다.
3. 회전일 (여신한도)	• 원칙적으로 줄인다. (갑자기 줄이면 난매의 위험)	• 늘린다.
4. 비가격 경쟁	• 돈으로 환산하기 어려운 판촉물을 준다. • 판매활동량을 늘린다. • 기타 비가격 경쟁 공세를 취한다.	• 가격으로 경쟁한다.
5. 운임부담	• 회사가 부담하지 않는다.	• 거래처를 도와준다.
6. 가격표시	• 소비자 가격 등을 크게 표시한다.	• 할인가격으로 판매한다.
7. 거래처 통제	• 대리점 지역분할을 반드시 중복되게 한다.	• 대리점 지역을 중복되게 유도 한다.
8. 소매점 지배	• 시장 내 주요 소매점에게 가격준수 협조를 받는다.	• 우리 제품으로 시장 소매점끼리의 경쟁을 유도한다.
9. 가격 인상 전의 조치	• 인상 전의 가격으로 주문을 통제한다.	• 인상 직전에 물량으로 밀어 붙인다.

8. 가격조사 실제

- 모니터에 의한 가격조사 체크리스트
  - 자신의 관할 지역 내에서 담당자별로, 책임자는 책임자대로 가격조사 모니터를 각각 선정한다.
  - 모니터를 경로별로 구분한다(유통, 거래처, 기업, 도매상 등).
  - 조사가격은 모니터가 최근에 실제로 제품을 구입한 가격을 대상으로 한다(구입한 제품의 양을 함께 파악).
    [이때 거래명세표를 확인하는 것이 가장 좋은 방법임. 의도적으로 허위가격을 기재할 경우가 있고 또한 시일이 경과했을 때 시장의 현재 시세를 반영하지 못한다는 단점이 있음]
  - 모니터가 구입한 경로를 확인해야 한다.
  - 조사된 가격을 경로별로 서로 비교하여 산술평균치와 중심가격, 최고가, 최저가 등을 결정한다.
  - 자신이 결정한 가격수준을 담당 관리자가 파악하고 있는 가격과 서로 비교하여 보다 정확한 시세를 결정한다(조사부서와 판매부서가 다를 경우).
  - 거래 흥정 시 모니터가 제공하는 경쟁사의 가격수준을, 거래하고자 하는 고객에서 말하고 경쟁사 가격과 상호 비교함으로써 거래를 활성화 시킨다.

- 모니터를 정기적, 또는 부정기적으로 자주 방문한다.
- 정확성을 기하기 위해서 필요에 따라 직접 구입할 수도 있다.
- 평상시에는 전 제품 주요규격 도매가격을 조사하고, 주 1회 전 규격 전 제품에 대한 정기적인 가격조사를 실시할 수도 있다.
- 가격조사 내용을 조사 시점마다 가격정책에 반영한다.
- 가격조사는 어느 일정 시점보다 기간을 설정, 시계열로 분석한다.
- 가격의 하락, 상승의 요인이 무엇이며, 문제가 무엇인가를 파악한다.

● 가격조사의 유형

유형	방법	비고
모니터에 의한 조사	주로 도매가격과 소매가격을 조사한다.	모니터를 유지하는 데 비용이 든다.
방문관찰	주로 소비자 가격(소매)을 조사하는 데 사용되고 상품이 진열된 매장을 방문하여 정가표를 보고 조사한다.	조사자가 직접 시장 또는 거래처 매장을 방문해야 한다.

경쟁사 정보의 수집	경쟁사의 판매 담당자 또는 판매 영업사원을 매수하여 회사의 판매가격 및 리베이트의 비율을 조사한다.	윤리적인 문제가 대두되고, 허위정보를 제공 받았을 때는 비용을 낭비하는 것이 된다.
간이 인터뷰	정가표를 부착하지 않고 판매하는 상품에 대하여, 상품을 취급하는 고객을 직접 만나 질문을 통하여 조사한다.	고객의 성실한 답변을 유도 하는 것이 중요하다.

9

불만 처리

1. 불만 처리의 중요성

- 넓은 개념으로는 고객이 필요로 하는 상품을, 필요할 때, 적절한 가격으로 구입하여 만족을 얻어야 하는데 회사의 잘못으로 불가능하게 되었을 때 고객이 받는 불만임.
- 좁은 개념으로는 영업사원(판매사원)이 고객(거래처, 소비자)으로부터 받는 제품에 대한 불평, 가격 및 배달에 관한 불평임.

2. 불만과 관련된 용어

- 클레임
  - 고객 불만에 대해 교환이나 배상 쪽에 가까운 불만.

- 컴플레인(Complaint)
  - 고객 불만에 대한 좁은 개념으로 사용하며 비교적 손쉽게 처리할 수 있는 불만.

- 고정(苦情)
  - 고객 불만에 대한 넓은 의미로 사용하며 일본어식 표현.

- 고충
  - 고객 불만에 대하여 넓은 의미로 사용함.

- 불만
  - 고객 불만에 대하여 좁은 의미로 사용함.

3. 불만 처리의 10가지 요점

- 논쟁이나 반론은 금물임.
- 우선 정중히 사과함.
- 고객의 주장을 경청함.
- 신속히 최우선으로 해결함.
- 성실하게 처리함.
- 팀웍으로 처리함(상사, 동료?).
- 빈도 높은 클레임은 매뉴얼을 준비함.
- 어떤 경우에도 비관적인 시각으로 보지 않음.

- 원인을 규명함(재발 방지책).
- 불만과 감동은 종이 한 장 차이임을 명심함.

4. 불만 처리의 4가지 방법

원인 태도	회사의 잘못	능동 처리
능동처리	회사의 책임임을 지적받기 전에 자진 해서 처리 · 전화위복의 계기 · 신용, 성실을 구축	고객의 잘못, 고객책임이라고 지적받기 전에 자진해서 처리 · 신용확대의 계기 · 지나치게 책임소재를 명백히 하지 말 것
수동 처리	회사의 책임임을 지적받고 나서 처리 · 최대한의 성의를 보임 · 신속히 처리	고객의 책임이 표면화되고 나서 처리 · 고객한테 트집 잡지 말 것 · 정확한 상황과 이유를 설명함

5. 불만 처리의 4원칙

우선사과의 원칙	원인규명의 원칙
신속해결의 원칙	논쟁불허의 원칙

- 우선 사과의 원칙으로 일단 정중히 사과함.
- 원인 규명의 원칙으로 원인은 철저히 규명함.
  (제품이나 서비스 내부의 문제라면 철저히 해결)
- 논쟁불허의 원칙으로 절대 논쟁하지 말 것.
- 신속해결의 원칙으로 모든 업무에 우선하여 해결함.

6. 불만 처리의 절차

| 문제점 경청 | • 선입견을 갖지 말고 냉정히 듣는다.
• 요점을 메모한다. |

▼

| 원인분석 | • ◎문제의 핵심을 파악한다.
• ◎사례를 체크·검토한다. |

▼

| 해결책 강구 | • 해결책을 강구한다.
• 만일의 사태에 대비해 차선책을 준비한다. |

▼

| 사후관리 | • 고객의 반응을 조사한다.
• 재발되지 않도록 불만 처리에 관심을 높인다.
• 불만 처리일지를 작성·유지한다. |

▼

| 해결책 합의 | • 해결책에 대해 설명하고 양해를 구한다.
• 해결책을 실행한다.
• 불만 해결에 고객을 만족시킨다. |

※ 영업사원이 처리할 것인가, 상사와 함께 처리할 것인가(소비자 상담실 포함)를 결정
※ 불만 처리의 3변 원칙
   ① 사람을 바꾼다. ② 장소를 바꾼다. ③ 시간을 바꾼다.

7. 불만의 대상

소비자	• 상품 자체에 관한 것 – 품질, 포장, 변질 여부, 사용상의 잘못
거래처, 고객 기업, 유통	• 거래조건에 관한 것 – 납기, 가격, 지불조건, 서비스(배달조건 등), 덤핑판매, 지역 외 판매 등

10

시장조사

1. 시장조사의 중요성

- 자사·고객(소비자)·경쟁사 등을 통하여 시장문제접근.
- 필요한 정보를 명시하고, 자료수집 방법을 설계하며, 집행을 관리하고, 그 결과를 분석하는 것.
- 시장문제를 예측하고 진단하기 위해 필요한 정보가 무엇이며 어떤 변수가 시장문제를 분석하는 데 적절한지를 선택해야 함.
- 결국 정보 없이 전략 없고, 전략은 정보를 기반으로 함.

2. 시장조사의 절차

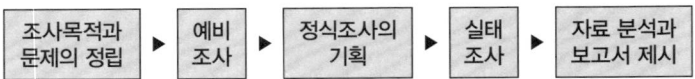

3. 조사대상의 선정

조사방법	전체조사의 경우	표본조사의 경우
① 간이 인터뷰	· 대리점 · 마트 / 슈퍼	· 소비자 · 슈퍼 / 편의점 · 식당, 커피전문점
② 관찰법	· 경쟁사 대리점 · 경쟁사 사원 · 경쟁사 마케팅	· 소비자 구매 행동 · 마트 / 편의점
③ 설문법	· 경쟁사 대리점 · 경쟁사 사원 · B2B 거래처 · 마트 구매담당	· 소비자 · 식품점, 슈퍼 · 식당, 커피전문점
④ 기타	· 영업사원이 실시하는 시장조사는 고도의 전문성을 요구할 수 없음 · 따라서 간편하고 실질적이어야 함	

4. 시장조사의 방법과 내용

예비조사	정부자료 장부자료 사내조사 기타	지역의 면적/ 도매점수/ 상품별 시장규모 인구수 / 소매점수/ 물량/ 금액 가구수 / 소득수준/ 라이프 스타일 시장점유율 변화추세 고객의 주요직업/ B2B 거래처 가격수준/ 가맹고객
현장조사	대화법	소비자 행동과 특성/ 시장규모 세분화된 시장의 특징/ 기업 내적 환경 경쟁단계 분석/ 기업 외적 환경
	관찰법	제품(재고, 구매빈도, 관심 등) 가격(소비자 가격, 구매가격 등) 경로(대리점, 직판, 소매상, B2B 등) 촉진(광고, 홍보, 촉진…)
설문조사	설문법	제품 계열별 매출액/ 시장점유율 기업 및 제품 이미지/ 취급률 상표 충성도/ 상표 인지도 제품의 선호이유 등

5. 시장조사 정보의 종류와 활용

- 정보의 종류
  - 계수적 비계수적 정보

- 기업 내/외 정보
- 행동·비 행동 정보
- 정기적 비정기적 정보
- 활자/대화 정보
- 절대/상대정보
- 과거/현재/미래 정보
- 공식/비공식 정보

- 정보의 활용
  - 지역별 판매목표를 설정한다.
  - 대 경쟁사 전략을 수립한다.
  - 판매가격을 책정한다.
  - 거래조건에 신축성을 둘 것인지 결정한다.
  - 거래조건을 제한할 것인가를 결정한다.
  - 중점 판촉활동 계획을 수립하고, 전개하다.

6. 설문서의 사례 / OO 식품

1. 식품 포장 용기로서 종이 용기 식품을 사용하신 적이 있습니까?
1) 있다   2) 없다   3) 모르겠다

2. 종이 용기를 어떤 식품을 통해서 알게 되었습니까?
1) 우유 제품   2) 음료수, 주스류
3) 두유 제품   4) 기타 (무엇?)

3. 식품 포장 용기로서 플라스틱 (PE PET), 병, 캔, 나무, 종이 용기가 있는데 어떤 용기가 가장 마음에 드십니까?
(   ) (그 이유는?)

4. 유제품(우유, 두유 등) 용기로 종이 용기가 많이 사용되고 있는데 만일 식용유 용기로서 종이 용기를 사용한다면 귀하는 어떻게 생각하십니까?
1) 좋다   2) 나쁘다   3) 모르겠다

5. 그 이유는? (간편성, 보관성, 예쁘다 등)
(   )

6. 일회용 식용유로써 180ml(1홉)를 어떻게 생각하십니까?
1) 크다   2) 적당   3) 작다   4) 모르겠다

7. 같은 용량 (180ml), 같은 규격의 식용유 용기가 있다면 어떤 것을 구입 하시겠습니까?
1) 플라스틱(PE, PET)   2) 캔   3) 병   4) 종이   5) 기타

8. 식용유 180ml(1홉) 종이제품이 생산. 판매 된다면 어떤 용도로 좋겠습니까?
1) 가정용　　　2) 선물용　　　3) 야외용(캠핑, 등산, 낚시 등)
4) 기타　　　5) 모르겠다.

9. 귀하의 직업은?
1) 학생　　　2) 회사원　　　3) 주부
4) 개인사업(어떤 종류?)　　　5) 기타

10. 귀하의 연령은?
1) 20대 미만　　　2) 20 - 30 대　　　3) 30 - 40 대　　　4) 40대 이상

7. 경쟁제품 조사 양식

회사명	장점/이점/강점	단점/불리점/약점
자사	· · · · · · · · ·	· · · · · · · · ·
A사	· · · · · · · · ·	· · · · · · · · ·
B사	· · · · · · · · ·	· · · · · · · · ·

8. 경쟁사 영업/마케팅력 조사 양식

구 분	경쟁사 1	경쟁사 2	경쟁사 3
정략적 목표			
핵심전략			
마케팅(4P)			
기술/R&D			
인사조직			
강 점			
약 점			

9. 정보수집의 원칙

- Needs: 무엇을 알고자 하는가?
- 수집범위: 어디까지 수집해야 하는가?
- Source: 어디에 정보가 있는가?
- 정확성: Source를 확인한다.
- 보안성: 비밀을 지킨다.
- 신선도: 최대한 신속성을 유지하라.
- 정보망정보: 제공자를 조직화한다.
- 현장 중시: 발로 정보를 얻는다.
- Memo: 손을 부지런히 놀린다.
- 정보유도: 입을 요령껏 구사한다.
- 종합판단력: 안목을 갖춘다.
- 수신기: 귀를 놀려서는 안 된다.
- 정보 장비: 전화와 인터넷, 녹음기 등을 최대한 활용한다.
- Mind: 정보는 찾는 자에게만 보인다.
- 대인관계: 겸허한 태도와 SNS를 적극 활용한다.
- 종합력: 부분도 계속 추구한다.
- 과거 자료: 숫자에 현혹되지 않는다.
- 도전성: 정보에 정면 도전한다.

- 융통성: 머리를 최대한 회전시켜라.
- 생산성: 정보는 의사결정에 도움이 되어야 한다.

참고문헌

1. 임동학 저 『실전영업현장 매뉴얼』 현대미디어
2. 임동학 저 『영업전법 114』 현대미디어
3. 임동학 외 공저 『중소기업의 전략적 성과관리』 이담
4. 최흥식 저 『채권관리와 회수 이렇게 하라』 새로운 제안
5. 임동학 저 『컨설팅 세일즈』 가림출판사

영업의 핵심 절차

펴낸날 2018년 10월 10일

지은이 임동학
펴낸이 주계수 | **편집책임** 윤정현 | **꾸민이** 윤정현

펴낸곳 밥북 | **출판등록** 제 2014-000085 호
주소 서울시 마포구 양화로 59 화승리버스텔 303호
전화 02-6925-0370 | **팩스** 02-6925-0380
홈페이지 www.bobbook.co.kr | **이메일** bobbook@hanmail.net

© 임동학, 2018.
ISBN 979-11-5858-475-7 (13320)

※ 이 도서의 국립중앙도서관 출판시도서목록(CIP)은 e-CIP 홈페이지(http://www.nl.go.kr/cip)에서 이용하실 수 있습니다. (CIP2018031046)

※ 이 책은 저작권법에 따라 보호받는 저작물이므로 무단전재와 복제를 금합니다.